Kim Walter

Sonnenwolken

Lyrik

Verse über Freud und Leid,

Herz und Schmerz,

Wahn und Witz, Yin und Yang

Bibliografische Information der Deutschen Nationalbibliothek:

Die Deutsche Nationalbibliothek verzeichnet diese Publikation in der Deutschen Nationalbibliografie; detaillierte bibliografische Daten sind im Internet über http://dnb.dnb.de abrufbar.

TWENTYSIX – Der Self-Publishing-Verlag
Eine Kooperation zwischen der Verlagsgruppe Random House und BoD – Books on Demand

© 2016 Kim Walter

Herstellung und Verlag:
BoD – Books on Demand, Norderstedt

ISBN: 978-3-740-709259

Illustrationen: **Kim Walter**

Vorwort

„Die Zeit geht mit der Zeit: sie fliegt. Kaum schreibt man sechs Gedichte, ist schon ein halbes Jahr herum und fühlt sich als Geschichte."

Dieses kurze, aber prägnante Gedicht schreibt Erich Kästner im Vorspann seines Werkes „Die dreizehn Monate", als er Anfang der fünfziger Jahre von einer Zeitschrift den Auftrag erhielt, einmal im Monat ein Naturgedicht zu schreiben.

Ganz im Sinne Erich Kästners findet sich in diesem Buch eine Sammlung heiterer und bissiger Gedichte mit Witz und Ironie, mit Magie und Poesie, mit und ohne Zähnefletschen, welche mit Humor durch das Jahr führen. Die vier Jahreszeiten werden beschrieben als auch die inzwischen schon absurd anmutenden Anstrengungen für die größten Feste des Jahres. Ein kunterbunter Reigen führt durch das Jahr, dessen Tage fliegen wie die Sitze eines Karussells, das sich viel zu schnell dreht.

Kim Walter, geboren in Karlsruhe, studierte Germanistik und Geographie an der Universität Karlsruhe.

Nach pädagogischen Jahren in Stuttgart, Pforzheim und Karlsruhe widmet sie sich heute der Schriftstellerei mit einem breiten Spektrum: Lyrik, Kinderbücher, Krimis und Thriller.

Ihre Gedichte wurden für die meisten Anthologien der Gegenwartsliteratur ausgewählt. Kurzkrimis erscheinen in der lokalen Presse und in Buchform. Der Thriller

„OMON", eine Teamarbeit mit Dustin Honester, steht kurz vor der Vollendung.

Inhaltsverzeichnis

15............Rat für die Leser

17............Pferdeherz

19............Osterüberraschung

20............Herbstausflug

21............König Lot bringt Leben oder Tod

23............Herbstbeginn

24............Schöne neue Welt

25............Der literarische Monatskalender

27............Enten braten

28............Zügige Entwicklungen

30............Wintergedicht

31............Ornithologischer Feiertag

32............Aprilscherz

33............Die Maibilanz

37.............Ein schweinisches Gedicht

39.............Kunterbunt

40.............Jugend und Alter

41.............Galgenhumor

42...........Die Gewohnheit

44............Ode an ein selten gewordenes Kleinod

46...........Der Sinn der Sinne

47...........Der Prügelknabe

48.......... Winter ade!

49...........Politikerfeiertage

50..........Die X-Kräuter

51..........Der Schmunzler vom Ponyhof

53..........Objekt der Begierde

54..........Der kleine Bär

56..........Total normal

58..........Hirsch- oder Jägerbraten?

60..........Habe Langmut mit Langohren!

61..........Ross und Reite

62..........Gefahren beim Faschingsskilauf

63..........Ostern

64..........Vom Glück des Reisens

67..........Fließbandarbeit

69..........Schwalben

71..........Temperatursprünge

73..........Leckischlecki

75..........Nur der Mond war schuld

76	Sinfonie für einen Killer
78	Ode an eine noble Karosse
79	Gefühle und Emotionen
81	Schwarze Gesellen
83	Der Wunschort
85	Sommer, Sonne, Sonnenschein
87	Im Einklang leben
89	Am See
90	Scheibchenweise Glück
91	Das Betthupferl
93	Namensänderung
94	Schichtende
95	Schiffsgeisterstunde
97	Vogelfrei
98	Die Freiheit der Vögel
100	Neues Karma

101........Antinautiker

104........Die Rechtschreibreform

105........Großalarm

107........Gartenfreuden

109........Zum Glückstag

110........Schlussrunde

111........Die Schirmherrschaft

113........Sommerfreuden

115........Gestern und heute

117........Wüste oder Eiland

119........Küchensterne

120........Am Oktobersee

121........Straßburg

122........Eine Therapie im Alter

124.......So wird das Leben ein Traum

126.......Abwegige Wege der Freundschaft

129.......Weinachten

131.......Zum Neuen Jahr

132......„Schneegida"

133..........Füllerkiller

134..........Klartext

136..........Fastnacht

139..........Tipps für Heimwerker

140..........Osterjux

143..........Walpurgisnacht

144..........Sommerzeit

145..........Der grüne Salon

147.........Chinesische Weisheit

149.........Glücksklee

150..........Frühlingsgefühle

152..........Ein bunter Traum

153..........Der Frühling ist da!

155..........Im schnellen Schneckengang

156..........Damit bist du mein Prinz

157..........Kulinarische Reise

158..........Neue Namen braucht das Land

159..........Wetterkapriolen

160..........Die Sabberlotti

161.........Für Lotti

162........„Klimaerwärmung?"

163........Die Mandarine

165........Vorschlag zur Güte

166........Schneckenmahlzeit

167........Geschwind, geschwind, mein Kind

168........Daheimgeblieben

169........Vegi -Trends

170........Slow Wood

171........Alles Schnecke

172......Schnecke und Zecke

173......Petrus hilft!

174......Ein früher Sonntagmorgen

176......Neujahrstag

175......Geduld

178......Das Lebenskarussell

180......Nachreim statt Nachwort

Rat für die Leser

Hier werden Erkenntnisse in Versen angepriesen,

ein bunter Reigen an Saurem und Süßem,

das Eine ist schaurig, das Andere schön,

dieses schrieb ich mit Absicht, jenes aus Versehen.

Sie handeln von Mensch und Tier,

was er ist, kann keiner was dafür.

Doch es gibt auch intelligente Esel und dumme Bestien,

nicht immer sind Intelligenzbestien die besten.

Darum suche sich ein Jeder seine Lieblingsgedichte aus,

die anderen reiße er heraus!

Pferdeherz

Fühlt der Mensch sehr starken Schmerz,

pocht wie wild sein Herz,

Stiche, die wie Messer schmerzen,

damit darf man ja nicht scherzen.

Muss man schnellstens einen Arzt aufsuchen,

oder eine Herzkur buchen.

Doch ignorieren kann jeder diesen Schmerz,

der eigen nennt ein Pferdeherz.

Genetik ist Prophetik

Von Opa 1 hat er den Hang zu frühen grauen Haaren,

von Opa 2 die Sucht nach versteckten Gefahren.

Vom Vater hat er die Statur,

von der Mutter die schwermütige Natur,

dazu noch ihren „großartigen" Verstand,

der im ganzen Dorf ist bekannt.

So lautet das Urteil von fremder Warte,

dieser Typ hat die genetische Arschkarte!

Osterüberraschung

Eins, zwei drei,

das Huhn legt schnell ein Ei.

Vier, fünf, sechs,

jedes Ei bekommt einen Klecks.

Sieben, acht, neun,

die Eier werden versteckt in der Scheun'.

Zehn, elf, zwölf,

wir finden sie nicht mehr, Gott hilf!

Herbstausflug

Einen Ausflug unternahmen sie am 6. September,

Do you remember, do you remember?

Vergessen war alles herbstliche Grau,

denn der Himmel strahlte stahlblau.

Zwischen Weinbergen und Reben

konnten sie Schönes und Süßes erleben.

König Lot bringt Leben oder Tod

Einmal leben zu dürfen, heißt das Gebot,

wer glaubt, einmal leben zu müssen, gehorcht einer inneren Not.

Da lobe ich mir doch die Katzen,

die ihre 7 Leben verteidigen mit kralligen Tatzen.

Manch einer der alten raubauzigen Kater kann berichten,

wie viele Feinde er musste vernichten.

Es waren Kämpfe auf Leben und Tod

und die alten Felidae hatten alle Not,

Katzenrivalen und feige Hunde zu lehren,

dass man muss Katzen verehren.

Im alten Ägypten waren sie den Göttern gleich,

und wanderten vom Lebens- zum Totenreich.

Heute haben die Menschen die alten Mythen vergessen,

und sind nur noch auf Materielles versessen.

Die Welt wird dich bald selbst ausmerzen,

die Katzen können es verschmerzen!

Herbstbeginn

Die Trauben schimmern seidig blau,

ein Lüftchen schmeichelt lau.

Spinnenweben glitzern im tiefen Sonnenstrahl,

die bunten Bäume werden langsam kahl.

Kürbisse zieren die Hauseingänge,

die Zugvögel proben die Abschiedsgesänge.

Da bemerken wir, sonnenverwöhnt, ganz benommen,

schon ist der Altweibersommer gekommen.

Schöne neue Welt

Alle Welt schreit „Stress" und „ausgepowert",

dabei wird nur auf jede Neuigkeit gelauert.

Über das Internet auf Computer, Tablett und i-Phone,

begegnet man Diskretion und Moral mit Hohn.

Denn jede Schwäche wird tausendfach in die „Welt" geschickt,

so dass selbst ein „Hardliner" erschrickt.

Diese Netzwerke nennen sich sozial,

dabei ist 100 Fremde „Freunde" zu nennen banal.

Viel zu wenig wird verändert und gescholten,

denn diese „schöne Neue Welt" wir nicht wollten!

Der literarische Monatskalender

1. Wenn es im Jänner dauernd schneit,
   halt den Besen stets bereit!

2. Der Februar ist der kürzeste Monat von allen,
   drum lass' es nochmal richtig knallen.

3. Im März die ersten Veilchen blühen,
   lass deine Liebe zur Natur ruhig glühen.

4. Der April macht, was er will,
   drum pflanze Petersilie, Schnittlauch und Dill.

5. Im Mai schlagen die Bäume aus,
   das ist gefährlich, drum bleibe im Haus.

6. Im Juni die ersten Äpfel reifen,
   zum Pflücken musst du danach greifen!

7. Im Juli wird es schwül und heiß,
   schieb Arbeit auf ein Abstellgleis.

8. Im August plagen uns die Hundstage,
   peile an einem kühlen See die Lage!

9. Im September beginnt die Erntezeit,
   fülle deine Lager nun gescheit!

10. Kannst du den Oktober golden nennen,
    solltest du viele Wanderwege kennen.

11. Siehst du im November Nebelschwaden,
    solltest du eher im Süden baden!

12. Der Dezember verwöhnt mit Plätzchen,
    Glühwein und Kerzen,
    so kann man die Dunkelheit besser
    verschmerzen.

Enten braten

In einem idyllischen See schwammen sieben Enten,

die Großen fraßen, die Kleinen pennten.

Da kam ein Jäger mit dem Schießgewehr

und verwundete die Familie schwer.

Einzig der Entenvater blieb vom Tod verschont,

er schwor, diese Untat wird „belohnt".

Er folgte dem Jäger bis zum Haus,

Dort feierte er in Saus und Braus.

Im Garten er die Enten am Lagerfeuer briet,

nach dem Duft das Essen gut geriet.

Der Enterich verwandelte sich in einen Wüterich,

der einem wilden Ganter glich.

Er attackierte den Jäger, der fiel ins Feuer,

und bezahlte für die böse Tat teuer.

Der Enterich jedoch fühlte sich gut beraten,

mit seinem Rachefeldzug samt Jägerbraten.

Zügige Entwicklungen

Mit unserer Geburt steigen wir ein in den Zug der Zeit,
gemütlich steht er auf dem Gleis bereit.

Doch mit wachsender Zahl an Jahren
scheint der Zug immer schneller zu fahren.

Schon mit Kindergarten und Schule zeigt uns das Abteil mehr Enge,
größer werden äußere Zwänge.

Mit dem Beruf folgen meist Ehe und Kinder
immer schneller wechseln Sommer und Winter.

Urlaub und Arbeit, Misserfolg und Karriere,
stets gibt es im Leben eine Barriere,

die uns von unseren kindlichen Träumen und Wünschen trennt,
die Vielfalt des Lebens ist uns selten vergönnt.

Viele Menschen wird das Leben diktiert,
freie Entscheidungen haben sie schon storniert.

Haben sie erst den Weg in die Rente gewählt,
sind ihre Tage schon gezählt.

Der Zug des Lebens fährt schneller und schneller,

Sinn und Unsinn erscheinen nun greller.

Doch die Türen der Züge bleiben verschlossen,
sie gleichen finalen Geschossen,

die unhaltbar ins Weltall streben,
ach, wie kurz ist selbst ein langes Leben.

Wintergedicht

Leise rieselt der Schnee,

gefroren liegt jeder See.

Wir schwingen Besen und Schneeschippe,

Eiszapfen an Nase und Lippe.

Dann machen wir eine Schneeballschlacht

bis einer nicht mehr lacht.

Denn der Schnee, der steckt im Mantelkragen,

trotzdem soll man keine Schimpfwörter sagen.

Deshalb wärmen wir uns an einem Punsch im Haus,

jetzt ist das Wintergedicht aus!

Morgen fängt's von vorne an,

doch da bauen wir einen Schneemann.

Ornithologischer Feiertag

Der Tag, an dem die Drosseln kamen,

fiel gänzlich aus dem Rahmen.

Denn Mitte März eine Wiese voller Schnee

tut Vögeln und Blumen weh.

Mittags kam schließlich noch die Sonne

und verbreitete etwas Wonne.

Nachmittags haben sich 133 Drosseln auf der Wiese gestärkt,

diesen Futterplatz hatten sie sich seit Generationen gemerkt.

Am Abend überflog ein riesiger Schwarm Wildgänse das Haus,

als Landeplatz suchten sie sich das spendable Heidelberg aus.

Schließlich flogen auch die Drosseln weiter,

wohin ist unbekannt – leider.

So kamen viele Vögel an diesem Tag an ihr Ziel,

der auf einen Mittwoch, den 13.3.2013, fiel.

Aprilscherz

Am Anfang narrt er uns mit Kälte und Schnee,

gefroren ist noch mancher See.

Die Sonne versteckt sich bis Monatsmitte,

so haben die Menschen nur eine Bitte:

Sonnenstrahlen und Wärme statt Einheitsgrau

die Vögel wollen beginnen mit ihrem Nestbau,

auch Hyazinthen, Narzissen und Tulpen wollen erblühen,

und saftig grüne Wiesen rufen den Pferden und Kühen.

Doch am Monatsende macht uns der April noch einmal eine lange Nase,

denn die Pflanzen zittern hinter dickem Glase,

für die Gemüsesetzlinge ist die die Luft noch zu kalt

und so warten sie geduldig und sagen bald, bald, bald.

Denn der Wonnemonat Mai steht vor der Pforte

und sie wünschen sich Sonne und Wärme an diesem Orte,

hoffen, dass der Mai sich nicht benimmt wie der alte Schalk von April,

der schon immer machte, was er will!

Die Maibilanz

Der Mai ist gekommen,

die Kälte von uns genommen.

Neue Energie flitzt durch unsere Adern,

über Vergangenes wollen wir nicht mehr hadern.

Wir binden Maiglöckchen zu kleinen Sträußen

und füttern Maikäfer in ausbruchsicheren Gehäusen.

Sport und Wandern wird wiederentdeckt

und so manche Unternehmung ausgeheckt.

Als Belohnung winkt ein Schlemmermahl,

die Auswahl wird zur Qual.

Soll man die zarten Maischollen kosten,

oder sich beim König der Gemüse mit Riesling zuprosten?

Darf es diesmal ein Mai-s-hähnchen sein

oder nur eine Maibowle mit Sekt und Wein?

Doch wer am Ende des Monats auf die Waage steigt,

ist dieser nicht geneigt,

denn sie zeigt trotz einer Hungerkur,

die Sünden pur.

Der Überschuss ist auf der Gewichthabenseite

das heißt übersetzt: man geht in die Breite!

Ein schweinisches Gedicht

Im schönen Schwabenlande, so berichtete meine Tante,

stahl sich aus einem Pferch ein kleines Minischwein,

es fühlte sich so allein.

Es flüchtete vom Gewann Sauhalde,

das liegt nahe dem Walde.

Die Polizei rückte gleich aus,

und brachte das Schwein flugs nach Haus.

Dieser Einsatz kommt den Besitzer teuer zu stehen,

er hätte nach dem Tier besser sollen sehen.

Jetzt ist dem Mann ganz mau,

und er fühlt sich wie eine arme Sau!

Kunterbunt

Kunterbunt ist das Leben,

vieles Unerhofftes hat sich ergeben.

Was geschah an den vielen Tagen, Jahren und Jahrzehnten,

in denen wir uns gerne aus dem Fenster lehnten?

Gesundheit und Krankheit wechselten sich ab,

doch der eiserne Wille den Ausschlag gab.

Vieles bereitete uns große Freude,

gestern, morgen und heute.

Nette Menschen, liebe Tiere und die schönsten Pflanzen,

ließen unsere Seelen tanzen.

Denk ich an die vielen Sachen,

die uns Freude machen, kann ich nur lachen.

Jenseits der „90" noch einige schöne Jahre,

trotz grauer Haare,

das wünsch ich allen Hochbetagten,

die sich fast nie beklagten.

Kunterbunt wünsch ich mir jeden neuen Tag,

bis der letzte kommen mag.

Dann soll keine Trauer sein,

denn das kunterbunte Leben war fein!

Jugend und Alter

Ältere Menschen beklagen sich über jedes Zipperlein,

sagt die Jugend, dabei sind sie nur zu viel allein.

Auch am Essen und Trinken hätten sie kein Vergnügen,

dabei sei bedeckt der Tisch mit Platten und Krügen.

Denn wenn das Essen liegt wie ein Klotz im Magen,

war zu vollgepackt der Servierwagen.

Einen Unterschied gibt es allerdings bei Jung und Alt,

wozu sagen sie zuerst „halt"?

Während große und kleine Kinder zu viel Süßigkeiten mampfen,

sieht man die Köpfe der Halbstarken dampfen,

von Zigaretten und „harten Sachen",

oft gibt es ein böses Erwachen!

Galgenhumor

Was ist Humor? so lautet meine erste Frage.

Unterschiede im Verständnis bringen so manchen in Rage.

Ist es Jux und Tollerei,

oder nur ein witziges Einerlei?

Verliert der Akteur einen Finger oder ein Ohr,

nennt man es schwarzen Humor!

Doch wann hängt der Humor an einem Galgen?

Warten da gar schon die Geier und die Falken?

Oder ist es so, dass, wenn ein Galgen kracht,

der Delinquent erst lacht?

Die Gewohnheit

Die Gewohnheit ist treuer als jedes Tier,

sie selbst kann nichts dafür.

Der Mensch, er liebt sie inniglich,

denn stets erinnert sie an sich.

Ob Laster oder Segen,

er sucht sie auf seinen Wegen.

Für die guten und gesunden Tipps,

da braucht er keine Tricks.

Doch nach Lastern sucht er mehr,

denn Alkohol und Zigaretten schmecken sehr.

Und hört er endlich damit auf,

nimmt das Verhängnis seinen Lauf:

Denn zur alten Stunde des Genusses,

spürt er des Lasters Kusses.

Er denkt nur an Schnaps und Nikotin,

die bekanntlich raffen die halbe Menschheit dahin.

Muss er so sich ein neues Laster suchen

will er nicht den ganzen Abend fluchen!

Ode an ein selten gewordenes Kleinod

Der Eisvogel lebt in der Nähe von Flüssen,

er ist so hübsch, grad wie zum Küssen.

Sein Gefieder schimmert wie eine griechische Insel,

kein Maler kann schöner schwingen den Pinsel.

Wie die terrakottafarbenen Dächer ist sein Bauch,

das Azurblau des Meeres sieht man auf seinem Rücken auch.

Sein Schnabel ist lang und spitz,

er ist schnell wie der Blitz.

Frisst Fische, Wasserinsekten und –schnecken,

die ihm besonders gut schmecken.

Doch braucht er natürliche Bach- und Flusswände,

in die er seine Niströhren baut behände.

Bald findet man sechs bis sieben Eier in einem Gelege,

sie brauchen fast drei Wochen Pflege.

Mehr ursprüngliche Natur an unseren Gewässern,

wird die Lage dieses kleinen Vogels verbessern.

Gönnt ihm auch ein kleines Fischlein,

und er wird wieder in unserer Nähe sein.

Der Sinn der Sinne

Der Geschmack im Gaumen sitzt,

der Geruch durch die Nase flitzt.

Das Auge übernimmt das Sehen,

das Ohr sorgt gar für das Verstehen.

Den Tastsinn führt die Hand,

aber, bei Gott, wo sitzt der Verstand?

Der Prügelknabe

Es war einmal ein böser Knabe,

Bosheit war seine größte Gabe.

Konnte er an einem Tag niemand schaden,

war er zornig und geladen.

Sein Tagwerk bestand aus Raub und Mord,

doch schneller wie der Wind war er vom Tatort fort.

Doch irgendwann legte das Alter ihm Zügel an,

es kam ein junger Mann,

dem diese Manieren nicht gefielen,

er hielt gar nichts von dessen Spielen.

Und so bekam der verbrecherische Greis,

eine Jahrhunderttrachtprügel – ohne Scheiß!

Winter ade!

Winter ade!

Scheiden tut nicht weh.

Schon singen die Vögel Frühlingslieder,

bald erblüht der weiße Flieder.

Die Schneeglöckchen wagen sich aus der Erde,

die Männer rasieren ab die alten Bärte.

Die Frauen lüften die Frühlingskleider,

die Gärtner stehen auf der Leiter.

Die Bäume bekommen den Frühlingsschnitt,

Winterlethargie fällt ab und alle sind fit.

Die Sonne sendet wärmende Strahlen,

die Künstler beginnen zu dichten und malen.

Ist Eis und Schnee endlich von uns genommen,

heißen wir den Frühling „Herzlich willkommen!"

Politikerfeiertage

Europa Cup und Weltmeisterschaft sind der Fußballfreunde Feiertage,

denn nichts ist wichtiger, ohne Frage.

Die Firmen geben Urlaub, still die Bänder stehen,

jeder will zu den Spielen gehen.

Mindestens beim Public Viewing viereckige Augen kriegen,

und mitfeiern bei den Siegen.

Des Volkes Freuden- und Alkoholtaumel wird genutzt,

und die Steuerkassen leergeputzt.

Sind Argwohn und Kontrolle erst auf Null gesunken,

wird jedes Gesetz hindurchgewunken.

Wenn sich im Bundestag die Balken biegen,

sind plötzlich die Diäten um 20 Prozent gestiegen.

Die X-Kräuter

Ein Gewürz mit x,

das wahr wohl nix.

Wer kennt es nicht das Xanthippenkraut,

das meist als Wermut angebaut.

Sein Geschmack ist bitterer als Galle,

doch mancher Mann tappte schon in diese Falle.

Zwar nennt er seine Frau Xanthippe,

hängt aber trotzdem an ihrer Lippe.

Ist sie auch meistens zu ihm bös,

ist er doch lange noch kein Sokrates!

Der Schmunzler vom Ponyhof

Schau dem Pferd aufs Maul,

und schon weißt du genau,

ob es einen guten Zahnarzt hat.

Macht sein Lächeln platt,

bekommt es Hafer satt.

Objekt der Begierde

Ach, wie ist das Leben fad,

ohne ein motorbetriebenes Rad.

Doch es sollte nicht gleich das Erstbeste sein,

denn der Geschmack ist fein.

In einem Urlaubsort am Attersee,

tranken sie abends Jagertee.

Ein rasantes Geschoss kam heran ganz wunderbar,

und der Fahrer setzte sich an die Freiluftbar.

Ein Benzingespräch wurde begonnen,

zu schnell war die Zeit verronnen.

Doch nach dem Urlaub ein Floh im Hirne saß,

so eine „Harley", das wäre was!

Bei allen Händlern des Landes wurde nachgefragt,

einer hat zugesagt!

Der kleine Bär

Es war einmal ein kleiner Bär,

der liebte eine Bärin so sehr.

Doch er war sehr scheu und schüchtern

und für ein Geständnis seiner Liebe zu nüchtern.

Er verehrte sie nur von Ferne

und vertraute seine Liebe dem Abendsterne.

Doch eines Tages war die Bärin weg,

da wurde unser Kleiner keck.

Er suchte sie in Wald und Flur.

Er setzte auf die kleinste Spur,

doch Wanda Waschbär blieb verschwunden,

er hat sie wochenlang nicht gefunden.

Nach sechs Wochen war sie plötzlich wieder da,

da freute sich Waschi Waschbär, oh ja.

Er gestand ihr seine große Liebe

und die Aufrichtigkeit seiner Triebe.

Da schaute sie ihn glücklich an

und sagte: „Ja, du bist mein Mann."

Total normal

Wenn die Hunde bellend durch den Garten jagen,

kann der Nachbar getrost seine Liege aus der Sonne tragen.

Die Gören schreien wie am Spieß,

ach, wie sind kleine Kinder süß.

Eine Aufsicht ist nicht vorhanden,

denn alle kamen irgendwie abhanden.

Selbst das Au-Pair-Mädchen lässt die Kinder im Stich,

sie geht lieber auf den Strich.

Die Mutter treibt es mit dem Schwiegersohn,

die Tochter nagelt den Schwager schon.

Auch der Vater lässt alles schleifen,

er dreht am liebsten Pornostreifen.

Für den einen ist es Freude, für den anderen Qual

diese Familie hält sich für total normal!

Hirsch- oder Jägerbraten?

In Waldesnähe an den sonnigen Wiesenrändern

folgt eine dunkle Gestalt vier Zwölfendern.

Lautlos schlich der Jägersmann,

der außer schießen nicht viel kann.

Die Hirschältesten mussten sich beraten,

denn das Gewehr war durchgeladen.

Da das Leben bekanntlich viel zu kurz ist,

sannen sie schnell auf eine List.

Sie rannten zum zweiten Jägersmann,

der ebenfalls das Gewehr legte an.

Dann sprangen alle Hirsche in einen Graben

und erschreckten die Raben.

Die zwei Jäger jedoch drückten ab zum finalen Schuss,

doch nicht die Hirsche traf der Todeskuss.

Beide Jäger lagen rücklings im Grase,

Beine hoch und blutig die Nase.

Zurück zur Herde ginge nun das Wild,

im Wald, da war es wieder still.

Habe Langmut mit Langohren!

Eine Langnase* ging mit einem Langohr* auf der Straße.

Sie gingen am Rand im Grase.

Am Gutshof wollte Langnase die Fahrbahn queren,

doch der Esel wollte erst den Löwenzahn verzehren.

Es half kein Zerren und kein Schieben,

das sture Tier ist einfach stehen geblieben.

Reden wir um die Wahrheit nicht herum,

ein Esel ist eher stur als dumm!

*1 Bezeichnung für die weißhäutige Bevölkerung Europas

*2: Bezeichnung für Esel, manchmal auch für Hasen

Ross und Reiter

Am Ross erkennt man auch den Reiter,

denn ist das Pferd gepflegt und heiter,

geht es ebenso beim Reiter weiter.

Doch hat es einen unruhigen Blick und eine wirre Mähne,

ein krummes Kreuz durch schlechte Gene,

zeigt manchmal auch der Reiter falsche Zähne.

Gefahren beim Faschingsskilauf

Die Sonne lacht, es knirscht der Schnee,
tief verschneit im Tal der See.
Die Menschen bevölkern die Skiabhänge,
minütlich gibt es Neuzugänge.
Hübsche junge Hexen rasen den Berg hinab,
die Skianzüge sitzen knapp.
Doch aufgepasst, ihr männlichen Skirennfahrer,
nehmt eine Brille und seht alles klarer.
Meidet Felsen, Steine und Geröll,
sonst kommt ihr ins Krankenhaus, oder gar in die Höll',
Bald nehmen die Narren die Masken ab,
manch einer schaut dumm und schlapp.
Schwört, er trinkt in Zukunft nur noch ein Achtel,
denn die junge Hexe wurde zu einer alten Schachtel.

Ostern

An Ostern freuen sich die Hasen,

wenn sie auf den bunten Wiesen grasen.

Doch auch die Lämmer wollen leben,

und nicht auf dem Teller in einer Soße kleben.

Darum esst Eier in allen Variationen,

die Tierwelt wird es belohnen.

Denn Eier gibt es in vielen Varianten,

Spiegel- und Rühreier zählen zu den bekannten.

Soviel zum Stand der Lage:

Frohe und schöne Ostertage!

Vom Glück des Reisens

Es macht der Mensch eine Reise,

das Leben zeigt sich auf andere Weise.

Die Berge sind höher, die Meere tiefer,

der Turm von Pisa etwas schiefer.

Das Klima ist wärmer,

die Menschen ärmer,

doch sie tanzen und singen,

auch wenn die Kinder barfuß springen.

Doch auch der Bildung nützt das Reisen,

durch Ungewohntes muss man sich durchbeißen.

Man lernt kennen neue Länder, neue Sitten,

auch die Sprache, wenn man muss ausländisch bitten.

Doch nach einigen Tagen im fremden Land,

ist so einiges vertraut und bekannt.

Während man fürs Fotoalbum ein Urlaubslächeln produziert,

ergreift einem die Sehnsucht nach Hause ungeniert!

Fließbandarbeit

Ein alter Kater machte sich auf den Weg zum Himmel,

bei Petrus drückte er auf die Bimmel.

Petrus kam langsam herbeigeschlurft,

länger schlafen hat er nicht gedurft.

Im Buch des Lebens schaut er nach,

was war des Katers Spezialfach.

Schließlich schenkte er ihm eine kuschelige Wolke,

denn er war der beste Jäger aus dem Katzenvolke.

Kurz darauf starben drei kleine Mäuselein,

und wollten auch in den Himmel hinein.

Petrus befragte die kleinen Gestalten,

was sie von ihrem Leben halten.

Die Älteste sagte: „Es war hart und schwer,

denn immer verlief etwas verquer.

Die Hausfrau wollte uns mit dem Besen erschlagen,

die Katzen dauernd auf der Lauer lagen."

Deshalb erfüllte ihnen Petrus ihr größtes Begehren,

um sich vor Verfolgern zu erwehren.

Ein Skateboard wartete auf „Wolke acht,"

die Mäuse begaben sich beruhigt zur Nacht.

Nach ein paar Tagen wurden alle Neuzugänge besucht,

der Kater lächelte ganz verrucht.

Er war schon früh aus den Federn,

denn für ihn war das Beste das „Essen auf Rädern"!

Schwalben

Ich bin vor Freude wie benommen,

die ersten Schwalben sind gekommen.

Zwitschernd segeln sie über Wiesen und Felder,

ihr Kommen heißt, nun wird es nicht mehr kälter.

Sie suchen ihre Nester vom vorigen Jahr,

denn die meisten Vögel sind schon ein Paar.

Am Horizont finden sie den verlassenen Pferdestall,

er steht kurz vor dem Verfall.

Doch für die Schwalben ist er ein Paradies,

denn die alten Nester sind ihnen gewiss.

Keinen haben sie gestört, keiner hat sie zerstört,

der Himmel hat ihre Bitten erhört.

Seufzer der Freude hört man von den Schwalben,

als eine junge Kuh in der Nähe beginnt zu kalben.

Die Vögel besingen das neue Leben mit einem fröhlichen Lied.

Die Menschen freuen sich über die Idylle im Naturschutzgebiet.

Temperatursprünge

Schon lange wandle ich auf diesem Planeten,

bisher hörte ich keinen davon reden,

dass jemals ein Winter so mild und das Frühjahr so früh war,

denn bereits da sind Amsel, Drossel, Fink und Star.

Die Vögel haben schon Nester gebaut und brüten auf ihren Eiern,

Menschen sieht man im Freien grillen und feiern.

An den Bäumen leuchten die Blätter in zarter Pracht,

die Amseln besingen die kommende Nacht.

Sie bejubeln auch den frühen Morgen,

vergessen ist des Winters Kälte und alle Sorgen.

Doch der „Wonnemonat" Mai wartet noch mit Eisheiligen auf,

diese haben noch Überraschungen zuhauf.

Temperaturstürze mit Schnee und Eis,

uns wird vor Schrecken kalt und heiß.

Denn die meisten Pflanzen sind schon am Sommerplatz,

Frostschutz geben beginnt in wilder Hatz.

Wieder rennen die Pflanzenfreunde durch Haus und Garten,

alle übrigen Arbeiten müssen warten.

Die eine Pflanze bekommt ein Flies, die andere eine Haube,

die dritte und vierte kommen in die Laube.

Nach drei Tagen ist es urplötzlich wieder warm,

der nächste Dauerlauf beginnt auf der Pflanzenfarm:

alle Schutzmäntel werden wieder eingesammelt,

und der Gärtner erschöpft stammelt:

Das Leben im Frühjahr ist schwer,

bitte keine Wetterkapriolen mehr!

Leckischlecki

Ist das Essen lecker,

gibt es viele Tellerausschlecker.

Nach dem Schlecken kommt das Schmecken,

der Teller wird geputzt an allen Ecken.

Wer nur von den feinsten Speisen probiert,

hat meist Gastronomie studiert.

Deshalb nennt man die Edelschlecker

oft auch Feinschmecker.

Nur der Mond war schuld

Wenn der Mond zunimmt,

nimmt sie ab, aber nicht zu knapp.

Sie isst keine Butter oder fette Torten,

weder zuhause noch an anderen Orten.

Doch gibt es abnehmenden Mond,

viel Schokolade auf dem Teller thront.

Pudding, Eis und Keksen wird zugenickt,

denn damit ist die Einkaufsliste gespickt.

Doch ein erneuter Mondwechsel kehrt das Spiel um

und alle Laster verweigert sie stumm.

So sind der Mond und ihr Gewicht stets gegenläufig,

Diätologen behaupten, das gibt es häufig!

Sinfonie für einen Killer

Nach Mitternacht geht er durch die Straßen der großen Stadt,

neuerdings macht ihn sein Job müde und matt.

Zu viele hat er schon um die Ecke gebracht,

der Teufel hat sich schon tausend Mal tot gelacht.

Dieser liebt seinen Lieferanten

wie den engsten Verwandten.

Keiner tut mehr für ihn wie dieser Mann,

der anders nicht mehr kann.

Doch plötzlich leidet des Mörders Seele tausend Qualen,

zu groß sind der Leichen Zahlen.

Einsam ist er wie ein Wüstenfuchs

und stets aufmerksam wie ein Luchs.

Trotz allem will sein Herz aus Stein,

nicht mehr alleine sein.

Er sehnt sich nach einem Wesen aus Fleisch und Blut,

obwohl er nicht kennt der Liebe Glut.

Er möchte endlich nicht mehr einsam sein,

doch zur Strafe bleibt der Mörder immer allein!

Ode an eine noble Karosse

Da steht es nun wie wunderbar,

das Cabrio, ein Traum wurde wahr!

Eine Dame von höchster Eleganz,

klassisch, ohne Firlefanz!

Wie in einer Sänfte kann man über die Straßen schweben,

die Landschaft ganz neu erleben.

Viel Freude mit diesem edlen Teil,

das Auto ist wirklich supergeil!

Gefühle und Emotionen

Ein Mensch berührt einen anderen mit Hand, Fuß oder Mund,

und tut damit seine Sympathie kund.

Meint es der Berührer ehrlich,

schauen seine Augen zärtlich.

Doch vor einer Berührung mit Gewalt,

heißt es „Halt."

Er verletzt damit Körper und Seele einer anderen Kreatur,

das ist Emotionsvandalismus pur.

Doch die berührendsten Berührungen sind berührungslos,

die Netzhaut des Auges wird aktiviert bloß.

Es sind die Bilder, die im Gedächtnis bleiben,

weil sie sich als Wunschbilder einverleiben:

Der Schmetterling, der sich im Wind auf einer Blume wiegt,

die aufsteigende Sonne, welche die Nacht besiegt.

Flüsse und Seen im Morgendunst,

die Natur im Frühling ist die wahre Kunst.

Schwarze Gesellen

Auf Odins Schulter Mumin und Kumin saßen,

die Raben ihm aus der Hand fraßen.

Sie waren das Sinnbild seines Gedächtnisses und seiner Gedanken,

sich darum viele Geheimnisse ranken.

Auch bei Sumerern, Babyloniern, Indianern und Chinesen,

waren sie hochgeschätzt, so kann man nachlesen.

Als Göttervögel verehrt,

hat man ihnen nirgends den Zutritt verwehrt.

Doch die mittelalterliche Kirche zählte sie zu den dunklen Mächten,

die mit Teufeln und Hexen herumflogen in dunklen Nächten.

Während sie heimlich lachten,

sie Tausende Menschen und Tiere umbrachten.

Doch obwohl Raben als liebevolle Eltern gelten,

hört man viele über sie schelten.

Sie machen wie Menschen gern sinnlose Sachen,

wie an parkenden Autos Scheibenwischer abmachen.

Sie rutschen gleich Schlitten über schneebedeckte Dächer,

stehlen glänzenden Schmuck und Becher.

Lassen sich gar mit dem Auto auf dem Außenspiegel herumkutschieren,

doch stets hat der Mensch etwas zu monieren.

Vielleicht sollte er sich mehr für sie interessieren,

denn Raben verstehen es sich zu amüsieren.

Der Wunschort

Die Wellen rollen den Strand hinauf,

ungebrochen stets ihr Lauf,

sie glitzern in der Abendsonne so wunderbar,

die Stille ist greifbar nah.

Einzelne Felsen stehen im Wasser, starr ohne zu leiden,

eingefrorene Riesen aus fernen Zeiten.

Dem Horizont nähert sich die Sonne,

vorbei ist es bald mit der wärmenden Wonne.

Die Nacht legt sich auf Strand und mehr,

der Abschied schmerzt gar sehr.

Doch auch morgen bewegt sich das Meer zwischen Ebbe und Flut,

und ein weiterer Tag Urlaub tut dem Herzen so gut.

Danach muss Wellenreiten und Meeresplätschern warten,

bis der nächste Urlaub führt zu diesem tropischen Garten.

Wo dadurch, dass der Mensch die Insel verließ,

hier liegt das wahre Paradies.

Sommer, Sonne, Sonnenschein

Hurra, hurra,

der Sommer ist endlich da!

Heißa, juchhe,

nun geht es an den See.

Endlich hat es Petrus eingesehen,

dass mit dem Wetter muss etwas geschehen.

Nun brennt der Planet wie zu den heißesten Zeiten,

manche Zeitgenossen mögen auch dies nicht leiden.

Doch während die einen vor Freude singen

und rastlos ins kühle Nass springen,

machen die anderen ein Gesicht wie drei Tage Regenwetter,

der Schlimmste von allen ist mein Vetter.

Er stand zur Badehosenprobe vor dem Spiegel,

und hatte einen Spitzbauch wie ein Igel.

Nun hat er vorhin sein Erscheinen abgesagt,

mit seinen Pfunden er sich erstmal abplagt,

will abspecken seinen „Hüftbelag"

und erscheint dann am „Sankt Nimmerleinstag"!

In Einklang leben

Jeder möchte glücklich sein,

doch wie man es wird, weiß wer allein?

Wie heißt der Ton zum Einklang sein?

Ist er in Dur oder Moll allein?

Oder ist es gar ein Ruf, ein Ruf der Wildnis,

viele Maler zeigen den Garten Eden als Bildnis.

Muss man höher und schneller als andere springen,

um das Paradies auf die Erde zu bringen?

Oder soll man langsamer offenen Auges gehen,

weil man kann andere Dinge sehen?

Den Vogel, versteckt im Nest,

den Marienkäfer im Geäst,

das kleine Blümchen am Wegesrand,

das vierblättrige Kleeblatt im Pflanzenverband.

Zum Glücklichsein lege dir einen Garten an,

wo jedes Pflänzlein nach seiner Fasson wachsen kann.

Besuche jeden Tag ein Gewässer, ob Fluss, See oder Bach,

halte inne und denke nach.

Dann können die Seele und die Gedanken fließen

und man kann die Welt im Einklang mit der Natur genießen!

Am See

Eine Gänseschar schwimmt über den See,

aus dem dichten Wald schaut ein kleines Reh.

Doch wie hoch die Fischlein aus dem Gewässer springen,

als wollten sie etwas in Erfahrung bringen.

Sie suchen mit flinken Augen ab den Strand,

ob ihnen irgendwelche Personen sind bekannt.

Im letzten Jahr war oft eine Dichterin zu Gast,

die alle Tiere hat in ein Gedicht gefasst.

Sie notierte die Schritte in ihrem Leben

und hat ihnen damit Unsterblichkeit gegeben.

Scheibchenweise Glück

Ach, wäre Glück nur eine unendlich lange Dauerwurst!

Hätte ich Hunger oder Durst,

schnitte ich mir täglich ein winziges Scheibchen ab,

denn stets ist Glück rar und knapp.

Dann wäre mir mein Leben lang,

nie mehr angst und bang!

Das Betthupferl

Die Nachbarin hält sich fern von Keksen und Schokolade,

isst nicht mal Brot mit Marmelade.

Im Sportstudio stählt sie ihre Figur,

an manchen Abenden ist sie im Städtchen auf Tour.

Sie wirkt verrucht,

was sie dort wohl sucht?

Doch wenn ihr Mann bei Fußballspielen ist,

sie etwas anderes mit Haut und Haaren frisst:

Ob Metzger oder Bäcker,

oder der hübsche Chef der Firma Zwecker.

Ob Arzt oder Tauchlehrer,

ob Bestatter oder Kaminkehrer.

Stets nimmt sie einen „Süßen" mit ins Bett,

denn davon wird man nicht fett!

Namensänderung

Hänsel und Gretel gingen an den See,

doch das Wasser war eiskalt, oje.

Mitten im See war ein Wasserfass,

dahin schwamm die Gretel mit Spaß.

Doch wollte Hänsel nicht gehänselt werden,

durfte er sich über die Wassertemperatur nicht beschweren.

Ab ging es ins kühle Nass,

die Strecke hinauf und hinunter bis zum Fass.

Fast hätte er sich nicht mehr herausgetraut,

denn sein Körper bestand aus Gänsehaut.

Packt nun der Hänsel für den See sein Ränzel,

ruft ihn die Gretel nur noch „Gänsel".

Schichtende

Wenn sich der Regen regt,

der Waldmann nicht mehr sägt.

Denn ist der Wald nicht dicht,

endet des Holzfällers Schicht.

Tausende Fahrzeuge rollen vom Band,

ein Auto für jede Familie im Land.

Doch ist irgendwann nur noch aus Sonne und Wind die Energie,

klappt die Wirtschaft nie.

Denn alle Bänder stehen still,

wenn Petrus nicht will.

Die Autobranche fährt keine neue Schicht,

die Firma macht bald dicht!

Schiffsgeisterstunde

Nebelschwaden schweben über die stürmische See,

vom Himmel kommt Regen und Schnee.

Blitze erleuchten Wellenkamm und –tal,

selbst das Gesicht des Kapitäns ist aschfahl.

Unter Deck des Schoners hört man lautes Gepolter,

die Seemänner sind gespannt auf die Folter.

Ein alter Seemannsbrauch könnte den Kobold zähmen,

doch vergessen wurde ein Huhn aufs Schiff zu nehmen.

So manche Matrosen fühlen sich krank,

denn ihre Nerven liegen blank.

Selbst der härteste Mann Tränen weint,

wenn jetzt ein Geselle mit roten Haaren und grünen Zähnen erscheint.

Dies ist der schreckliche Klabautermann,

der erst das Schiff, wenn es untergeht, verlassen kann.

Vogelfrei

So frei wie ein Vogel möchte jeder sein,

doch vieles im Leben ist mehr Schein als Sein.

Denn ein Vogelfreier war im Mittelalter,

so frei wie am Feuer ein Falter.

Jeder Kontakt konnte ihn ermorden,

ob Einzelner oder wilde Horden.

Denn er war beraubt aller bürgerlicher Rechte,

für ihn regierten nur noch dunkle Mächte.

Die Freiheit der Vögel

So frei wie ein Vogel möchte ich sein,

denn seinen Tag bestimmt der Vogel allein.

Er schert sich nicht um menschliche Streiterei,

auch Neid und Eifersucht ist ihm einerlei.

Er kümmert sich nur um Nahrung und seine Brut

scheint die Sonne, ist der Tag gut.

Doch plötzlich erscheint ein Raubvogel in der Nähe,

Gefahr besteht, dass den kleinen Vögeln etwas geschähe.

So will ich lieber ein Raubvogel sein,

ohne Furcht ist dieser allein.

Doch Menschen fangen auch Falken und Bussarde ein,

langweilig muss ein Leben in einer Greifvogelwarte sein.

Und wie kann es anders sein,

auch ein Vogelleben ist nur schnöder Schein.

Neues Karma

Fliegen, Schwimmen, Tauchen,

sind drei Fähigkeiten, die Vögel brauchen.

Ich liebe das erquickende Nass,

und der fliegenden Gesellen Spaß.

Könnte ich mir eine neue Daseinsform wählen,

würde ich mich zu den Wasservögeln zählen.

Doch Enten und Gänse werden bejagt,

dem Gott der Vögel sei dieses Verbrechen geklagt.

Deshalb möchte ich lieber ungenießbarer sein,

eine Art ist dies ganz allein.

Man nennt ihn auch des „Anglers Liebling",

denn schnell und schwarz ist das „Ding."

Und so werde ich im nächsten Leben kein wetterwendischer Hahn,

sondern ein kleiner Fischdieb wie der Kormoran.

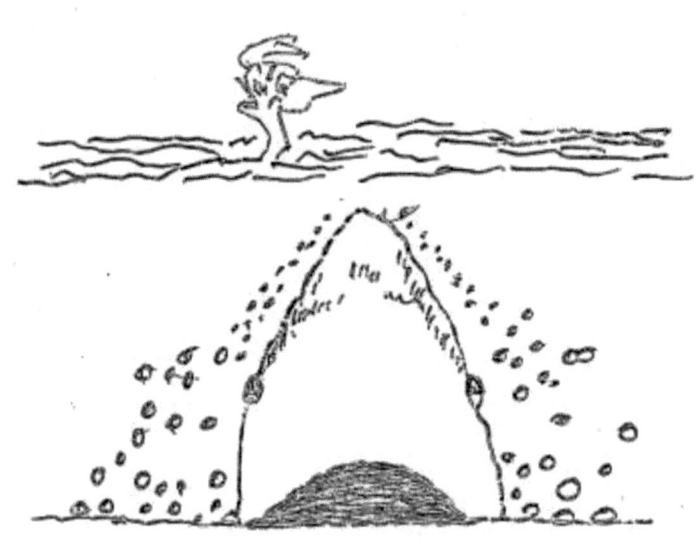

Antinautiker

Menschen, die das Wasser hassen,

müssen meist oft Wasser lassen.

Doch ich meine nicht, was Sie jetzt denken,

in eine andere Richtung möchte ich die Gedanken lenken.

Vielleicht haben Sie Angst vor einem tiefen Gewässer,

und vor Raubfischen mit Flossen scharf wie Messer.

Oder Sie lernten nie das Schwimmen,

und hören auf warnende innere Stimmen.

Ihre „Wasserscheu" sitzt fest verankert im Gehirn

und „Angstschweiß" steht auf Ihrer Stirn.

Die Rechtschreibreform

Diese Reform hat viele Unsicherheiten gebracht,

unklar wurde plötzlich über Nacht,

was schreibt man mit zwei „s" oder scharfem „ß",

dabei waren die Wörter mit „ß" doch so kess,

denn, „Bass und Fass" und „Fraß und Maß"

machten so richtig Spaß!

Mit dem „p" ist es noch schwieriger geworden,

denn wie schreiben „Penis" die ungebildeten Schülerhorden?

Ein alter weiser Professor wusste Rat,

es stimmt sogar in der Tat:

ein hartes „p" bis 40 Jahre,

ein weiches „p" für graue Haare,

ab 60 Jahren soll es unkompliziert sein,

da schreibt man das „p" ganz einfach klein.

Großalarm

Seit 14 Tagen fiel Regen vom Himmel,

in flachen Gefäßen ist ein Schnakengewimmel.

Bei 7,20 Metern Wasserstand wird die Rheinschifffahrt eingestellt,

denn große Gefahren birgt auch die Wasserwelt.

Die großen Schiffe legen in den Häfen an,

doch auch das gefährlich sein kann.

Plötzlich hört man laute Sirenen

15 Polizeiautos und Feuerwehren eilen zu den Kähnen.

Zwei Gastanker drohen zu kollidieren,

dabei kann viel passieren.

Ihre Anker haben sich gelöst,

die Kapitäne während der Mittagshitze gedöst.

Doch der tapfere Katastrophenschutz

haut mächtig auf den Putz,

legt die Gasbomber wieder an die Kette,

manch einer der Gaffer verliert eine Wette.

Schnell ist wieder alles in Butter,

die Sensationslüstigen verlassen den Rhein und die Kutter.

Gartenfreuden

Jeder Mensch mit Garten,

kann meist sehr gut warten.

Denn vom Samen bis zur fertigen Pflanze,

braucht das kleine Wesen mehr als eine Chance.

Wenn sich nach Wochen die ersten Blüten zeigen,

hängt der Himmel voller Geigen.

Bis zur Ernte dauert es noch einige Tage,

wer ist zuerst im Ziel, so die Frage.

Fast zeitgleich erscheinen Zucchini, Paprika und Tomaten,

und auch Salatköpfe werden in den Korb geladen.

Aus eigenen Erzeugnissen folgt das erste Menü,

so gut schmeckte es noch nie!

Zum Glückstag

Glück sei stets dein Begleiter,

insbesondere auf den Höhen einer Leiter.

Jährlich feiert man den Tag seiner Geburt,

selbst wenn man mit den Jahren den Gürtel der Wünsche enger zurrt.

Gesundheit steht bei allen Wünschen an erster Stelle,

und Glück hilft im Fall der Fälle.

Darum gratulieren wir von ganzem Herzen,

und wünschen ein Jahr ohne Aufregung und Schmerzen.

Möge dein Geburtstag allein,

der Anfang von vielen Glückstagen sein!

Schlussrunde

Schon spät ist es am Abend,

die Pferde sieht man trabend.

Sie sind total nervös,

mit dem Gutsherrn sind sie bös.

Denn sie wollen in den Stall,

wo Futter steht in jeden Fall.

Außerdem spielen sie nachts Pferdepoker,

die Stute hat meistens einen Joker.

Deshalb sind die Hengste stinkesauer,

denn sie haben nur einen Bauer.

Die Schirmherrschaft

Draußen tobt ein Sturm,

in seinem Loch verkriecht sich jeder Wurm.

Ein einsamer Spaziergänger jagt seinem Schirm hinterher,

ich bemitleide ihn sehr.

Doch nach dem Frühstück herrscht wieder Sonnenschein,

gleich wollen wir wieder beschirmt sein.

So hilft ein Schirm bei Sonne und Regen,

doch bei Blitz sollte man sich nicht aus dem Haus bewegen.

Denn der Metallgriff lockt ihn an

und getroffen wird selbst der stärkste Mann.

Falls Petrus macht, was er will,

halte inne, bleibe still.

Lass das wilde Treiben draußen sein,

trinke lieber einen guten Wein.

Sommerfreuden

Man hört ein Jauchzen und Frohlocken,

endlich muss man nicht mehr in der beheizten Stube hocken.

Heute ist Badewettertag,

wie ihn jeder Schwimmer mag.

Doch drangvolle Enge herrscht in allen Bädern,

die Wasservögel verlören gar ihre Federn.

Doch für Abwechslung sorgt die Bademodenschau,

Bikini und Badehosen in Gelb, Rot, Grün und Blau.

Doch zu viele sind zu gut über den Winter gekommen

und haben ordentlich zugenommen.

Man sieht an den Spitz-, Fußball- und Schwabbelbäuchen,

deren Besitzer bei kleinsten Anstrengungen keuchen,

dass Sport dringend Not tut,

vielleicht wird dann wieder alles gut.

Die wahren Sportler haben nicht zu viel Gewicht,

man findet sie in Bädern nicht.

Sie joggen lieber durch die Wälder, durchkraulen die Seen

und lassen Massenveranstaltungen „links" stehen.

Ihr Horizont ist groß und weit,

denn sie lieben die Ein- bis Zweisamkeit!

Gestern und heute

Früher, als die Menschen noch an Märchen und Sagen glaubten,

sie sich nicht so vieles wie heute erlaubten.

Sie fürchteten die überirdischen Mächte,

genauso wie sternen- und mondlose Nächte.

Sie ängstigten sich vor Elfen, Gnomen und Zwergen,

die in der Dunkelheit kamen aus Höhlen und Bergen.

Doch heute glaubt noch nicht mal mehr ein kleines Kind an diese Nachtgestalten,

sie können Handys und Computer bedienen und ihr Taschengeld selbst verwalten.

Doch in ein paar Jahren schon

ist aus der Tochter und dem Sohn,

dank „Fast Food" ein Fettmonster geworden.

Denn dank Kalorien sammeln,

kann der einstige Wolpertinger nur noch „Hunger" stammeln.

Der Zwerg wird zum Fettberg,

und selbst die einst zarten Elfen

können sich dank Umfang nicht mehr helfen.

Zwar nagt der Zahn der Zeit an allen,

doch Fettwänste werden niemals jemandem gefallen!

Wüste oder Eiland

Jeder Mensch ist eine Insel,

das Genie, als auch der Einfallspinsel.

Das eine Eiland ist tropisch und üppig grün,

die Pflanzen wachsen in Höhe und Breite kühn.

Auf den anderen Inseln gibt es nur harten Fels und Steine,

kein Hund will hier von der Leine.

Das tropische Paradies jedoch lockt mit Sensationen,

die mehrtätige Ausflug lohnen.

Herrliche Früchte, seltene Pflanzen,

Blätter wie Teller und Lanzen.

Großartige Blüten, wohlduftend und aromatisch,

ergeben ein traumhaftes Farbengemisch.

Exotik auch bei Vögeln, Fischen und anderen Tieren,

man kann leicht den Überblick verlieren.

Doch wo willst du lieber wohnen?

Fazit: Investitionen in den Geist werden sich lohnen!

Küchensterne

Man hört so manches munkeln:

Bald sitzen wir im Dunkeln.

Am Nachthimmel kein einziger Stern mehr strahlt,

denn so mancher Gourmetkoch damit prahlt.

Kaum auf dem Markt und schon dekoriert,

hoffentlich wurde da nicht geschmiert?

Denn ist der Weg zum Ruhm zu glatt,

schlägt's dabei so manchen Koch schachmatt.

Am Oktobersee

Nicht nur bei Nacht die Irrlichter blitzen,

sie leuchten auch bei Tag, wenn die Trolle am Seeufer sitzen.

Die Sonne spiegelt sich geheimnisvoll in kleinen Wellenkämmen,

die Waldgeister wollen die Besucherzahl eindämmen.

Die Gäste flüchten vom See,

umrunden ihn erst wieder bei Schnee.

Trinken zuhause ein Glas Trollinger Wein

und laden damit die Trolle zu sich ein.

Denn mit jedem Glas nimmt der Spuk wieder zu,

bald ist Halloween, huhu !

Straßburg

In Straßburg ein 1000 Jahre altes Münster steht,

das Flüsslein Ill durch die Mitte geht.

Die Stadt wunderschöne alte Fachwerkhäuser bietet,

das Museum für Moderne Kunst wahre Schätze hütet.

Ein kleines Juwel kurz hinter der Grenze,

auch kulinarisch: „Fisch Choucroûte und gestopfte Gänse".

Eine Therapie im Alter

Das Alter ist beschwerlich,

wer anders behauptet, ist nicht ehrlich.

Ob Sommer oder Winter, zu schnell vergehen die Tage,

das Leben ist Müh' und Plage.

Erledigt wird nur die Hälfte, was früher man getan,

doch die Anforderungen, sie halten nicht an.

Der Tod des Lebenspartners ist eine sehr schlimme Zäsur,

wann kommt die eigene letzte Stunde, man schaut dauernd auf die Uhr.

Doch manchmal, ganz selten, denkt man darüber nach,

welche Talente wurden nicht genutzt und liegen brach.

Die Grübelei macht müde, darum lässt man sie besser sein,

bewege deine Glieder, sonst rosten sie noch ein.

Schau lieber an den Himmel, was sich da plötzlich tut,

denn Wolken ziehen weiter und die Sonne tut wirklich gut!

So wird das Leben ein Traum

Was ist das Leben?

Sind es saftige blaue Reben?

Ist das Leben nur ein schnöder Traum?

Platzt es wie eine Seifenblase aus Schaum?

Oder leben wir auf diesem blauen Planeten,

wie gefallene Engel, die nicht beten?

Doch möglich ist auch, dass wir Teufel sind,

denn die Menschheit umfliegt die Welt so geschwind.

Heute da und morgen dort,

heute Friede, morgen Mord.

Wie wildgewordene Furien suchen sie nach Glück,

doch am Ende bleibt nichts Ewiges zurück.

Die kurzen schnellen Vergnügungen werden schal,

es schmeckt noch nicht mal mehr das teuerste Mahl.

Alle Genüsse sind vergessen,

ist der Körper von Krankheit besessen.

Darum halte inne, Mann oder Frau,

überlege, was wichtig ist, sehr genau.

An Unnötigem spare sehr,

denn Weniger ist oft Mehr.

Du bist schon fast so weit,

wenn du erkennst, der größte Schatz ist Zeit!

Nütze die Zeit und lebe deinen Traum,

dann hast du für Ruhe und Glück den Raum!

Abwegige Wege der Freundschaft

Ich sah ihn in Tageszeitungen und Hochglanzgazetten,

er gehörte zu den Guten, Mutigen und Netten.

Fette Geschäftsgewinne kaschierte er mit großzügigen Spenden,

die Lobhudeleien seiner Freunde wollten nicht enden.

Stets hielt er eine große bunte Schar von Leuten frei,

bei Kaviar, Champagner und Martini dry.

Überall waren die Freunde dabei,

bei Partys auf Yachten, in Urlauben und beim täglichen Einerlei.

Doch plötzlich erlitt er mehrere Schicksalsschläge,

die Geschäftseinnahmen gingen in die Schräge.

Der Staatsanwalt ermittelte gar wegen Betrug,

und auf einmal hatten alle von ihm genug.

Seine hübsche Ehefrau zog mit seinem reichsten Freund weiter,

die anderen hatten keine Zeit mehr, sie kletterten auf der Erfolgsleiter

immer höher, immer weiter.

„Keine Zeit, leider, leider!"

Ganz alleine saß er im Saal vom Gericht,

die Freunde sah man nicht.

Auch in den Wochen, wo er sein Haus und sein Auto verlor,

war verstummt der Freunde Lobeschor.

Nicht einer kam vorbei oder rief an,

mit dem Rücken an der Wand alleine stand der Mann.

Doch nach einigen Wochen kamen Mut und Stärke zurück,

er wollte vom Leben ein neues „Stück".

Während er tags und nachts bei der Arbeit saß,

Hunderte von Patenten und Büchern las,

hat er mehr als einmal in die Hände gespuckt,

und erfand schließlich ein äußerst lukratives Produkt,

das man ihm aus den Händen riss.

Gelohnt hatten sich sein Eifer und sein Biss!

Schon bald stand sein Schicksalsstern wieder hellerleuchtet am Himmelszelt,

er hatte wieder Haus, Auto und Geld.

Doch in einem zeigte er nun große Sparsamkeit,

das waren Vergnügungen und Eitelkeit.

Lieber sollten ihn die letzten Hunde beißen,

bevor nochmals „Freunde" sein Herz zerreißen!

Er nahm an Gütern fast nichts mit,

und zog in die Berge als Eremit.

Weihnachten

Wenn Kerzenschein die Nacht erhellt,

wenn Schnee sanft zu der Erde fällt,

wenn Plätzchen- und Bratendüfte durch die Zimmer wehen,

wenn Nikoläuse vor den Häusern stehen,

Rentiere mit den Hufen scharren,

und Zimmertüren heimlich knarren,

wenn ein Glöcklein sanft erklingt,

und das Christkind schöne Geschenke bringt,

dann ist Ruhe und Freude in jedem Haus,

niemand geht heute mehr aus,

alles feiert in stiller Freude,

denn Weihnachten ist heute!

Zum Neuen Jahr

Eines wiederholt sich jedes Jahr,

man sieht Chancen, als auch Gefahr.

Wird's besser, wird's schlimmer?

Von der Zukunft haben wir keinen Schimmer!

Trotz Bleigießen und vieler Prognosen,

misstrauen wir Nieten und Losen.

Wir möchten den Haupttreffer gewinnen,

ohne lange nachzusinnen.

Wenn wir nach kosmischer Energie greifen,

können unsere Wünsche und Hoffnungen langsam reifen,

und das Beste an dieser Prophezeiung ist,

dass man der Regisseur seines eigenen Lebens ist!

„Schneegida"

In einem geheimen Winkel sitzt ein neues Revoluzzernest,

das etwas hasst so wie die Pest:

Die „Schneegida" zählt jede Flocke aus Schnee,

denn die Muskeln tun schon weh.

Die Spatzen es von den Dächern pfeifen,

sie mussten gar selbst zur Schippe greifen.

Denn der Schneedienst blieb verschollen

oder wollte sich nicht aus dem Hause trollen.

Der Hausmeister lacht über die neuen Schneepauschalen,

denn nun müssen sie trotzdem zahlen!

Füllerkiller

Goethe tötete in seinem Mammutwerk oft mit der „Faust",

wenn der Teufel erscheint, es dem Leser graust.

Schillers Tell tötete mit Pfeil und Bogen,

und log, dass sich die Balken bogen.

So steckt in jedem Schreiberling,

ein kleiner böser Mörder drin.

Mit dem Mordwerkzeug, dem Füller,

wird er gar oft zum Killer.

Ob Schiller oder Arthur Miller,

Leichen pflastern den Weg zum Thriller.

Klartext

Der Große frisst den Kleinen,

der Mensch giert nur nach Scheinen,

nach Mammon, Knete und Moneten,

die Gier erfasst bald jeden.

Wo bleiben Liebe, Freundschaft und Gefühle?

Herrscht in den Herzen nur noch Eiszeit und emotionelle Kühle?

Wohin sind Herzenswärme und Güte verschwunden?

Obwohl Forscher das Erdinnere und das Weltall erkunden,

haben sie keine Herzenswärme mehr gefunden!

Erkaltet der blaue Planet?

Wer ist es, der Neid und Zwietracht sät?

Modern ist, sich breit im Sozialsystem einzunisten,

nachdem sie sich vor jeder Arbeit verpissten.

Die Bösen sind dann die Kapitalisten

die zwanzig Stunden in ihrer Firma sitzen,

Herzblut, Zeit und Geld investieren,

damit alle Angestellten Löhne und Gehälter kassieren.

Doch Neid teilt die Gesellschaft,

bald sind alle alten Tugenden abgeschafft.

Ein Mann, ein Wort, ein Handschlag war Vertrag,

das sind Überbleibsel von einem fernen Tag.

Wer ist es, der Neid und Zwietracht sät?

Erkaltet der blaue Planet?

Fastnacht

Es ist ein neuer Morgen,

ich mach mir keine Sorgen.

Ein Blick prüft das Kalenderblatt,

ich habe das Winterwetter satt.

Fasching verkündet der Wochenplan,

frisch voran mit neuem Elan.

Dann wird gefeiert nach Termin,

Alt und Jung – schau hin!

Ein Umzug durch die Straßen zieht,

von den Wägen erschallt ein Faschingslied.

Oben stehen verkleidete Narren,

sie werfen Süßigkeiten von den Karren.

Die Menge johlt und spendet Applaus,

zu schnell ist die Show wieder aus.

Die Narren und Kostümierten feiern weiter,

doch Schneeflocken tanzen vom Himmel, leider.

Halbnackt ist so manche Schöne,

nun beginnt das Gejammere und Gestöhne.

Die Damen möchten in warme Räume,

Fasching feiern in der Karibik sind ihre Träume.

Doch Petrus lässt gar noch Stürme toben,

heute gibt es nichts zu loben.

Enttäuscht gehen wir wieder heim

und essen heißen Haferschleim.

Nächstes Jahr feiern wir Fasching im August,

dann hat man zum Ausgehen viel mehr Lust.

Leichte Bekleidung verursacht keine Grippe,

Halsweh oder eine dicke Lippe.

Im Sommer tanzen wir auf der Straße bis Mitternacht, oder bis die Polizei der Feier ein Ende macht.

Tipps für Heimwerker

Keine Nägel sind im Haus?

Bringe Viagra auf dem Rasen als Dünger aus!

Dann noch schön den Rasen sprengen,

heraus kommen aus den Löchern, den engen,

hart wie Kruppstahl,

Nagelersatz der ersten Wahl,

schnell wie der beste Stürmer,

die steifsten Regenwürmer!

Osterjux

Wenn wir am Ostersonntag durch die Gärten laufen,

können die Hasen endlich wieder aufschnaufen.

So ein Fest gehört verboten,

sie klatschen voll Freude in die Pfoten.

Endlich hat die Eierlegerei ein Ende,

sie springen davon behände.

Wir kriechen durch jedes Gebüsch und jeden Strauch,

zerkratzte Hände, zerschundene Knie – ein alter Osterbrauch.

Doch bei uns bleibt kein Ei im Garten,

da können die Füchse lange warten.

Doch ganz nah, hinter unserem Rücken,

sehen wir Schokoladenhasen mit Entzücken.

Doch diese ziehen uns heimlich lange Nasen,

denn eingeschmolzene Weihnachtsmänner sind diese frechen Hasen.

Walpurgisnacht

Walburga war Äbtissin von einem Kloster,

noch heute blickt sie von manchem Poster,

denn ihr zum Gedenken erschaffen wurde die Walpurgisnacht,

in der manche Hexe auf dem Besen lacht,

wenn sie um den Brocken fliegt,

oder sich über die Ängste der Menschen vor Lachen verbiegt.

Vor Hunderten von Jahren trafen sich die Menschen im Harzer Gebirge,

und tanzten um Linde und Birke,

denn vertrieben ist nun die Winterkälte

und der Frühling treibt Blüten in Bälde.

Sommerzeit

Heute ist es endlich soweit,

es beginnt die Sommerzeit.

Doch auf Feiern im schönen Garten,

muss man noch einige Zeit warten.

Ein scharfer Wind bläst um das Haus,

die Sonne kommt heute nicht heraus.

Doch Arbeit gibt es auch innen an allen Stellen,

sind doch die Uhren umzustellen.

Eine Stunde wurde uns heute Nacht gestohlen,

im Herbst sollen wir sie uns wieder holen.

Doch bis alle Uhren wieder richtig gehen,

müssen wir einige Runden drehen.

Und falls wir zur Eile sind nicht bereit,

beginnt schon wieder die Winterzeit.

Der grüne Salon

Urplötzlich an einem Frühlingstag,

das genaue Datum niemand vorhersagen mag,

erblühen die Blumen, grünen die Hecken,

allerorten bunte Flecken.

Die Bäume tragen ein zartgrünes Kleid,

vergessen sind Kälte, Frost und Winterleid.

Der Thermometer wird mutig und klettert auf 20 Grad,

die Vögel zwitschern im Vogelbad.

Die Häuser verschwinden hinter einem Blätterdach,

die Stimmen der Menschen verschluckt der plätschernde Bach.

Der Planet dreht sich rund

und alles wird bunt.

Der Frühling macht uns alle hoffen,

der grüne Salon ist wieder offen!

Chinesische Weisheiten

Hätten wir im Leben kein Leid und Schmerz

wir hätten auch keine Freude und Scherz.

Selbst wenn wir eine Ewigkeit der Glückseligkeit hätten,

und darauf würde ich meinen Hut verwetten,

würde uns die Langeweile töten,

denn wir würden uns anöden.

Seit Jahrtausenden wissen die Chinesen von Yin und Yang,

und deshalb ist es mir gar nicht bang,

dass nach Abstürzen Aufstiege kommen,

denn die Hoffnung wird zuletzt genommen.

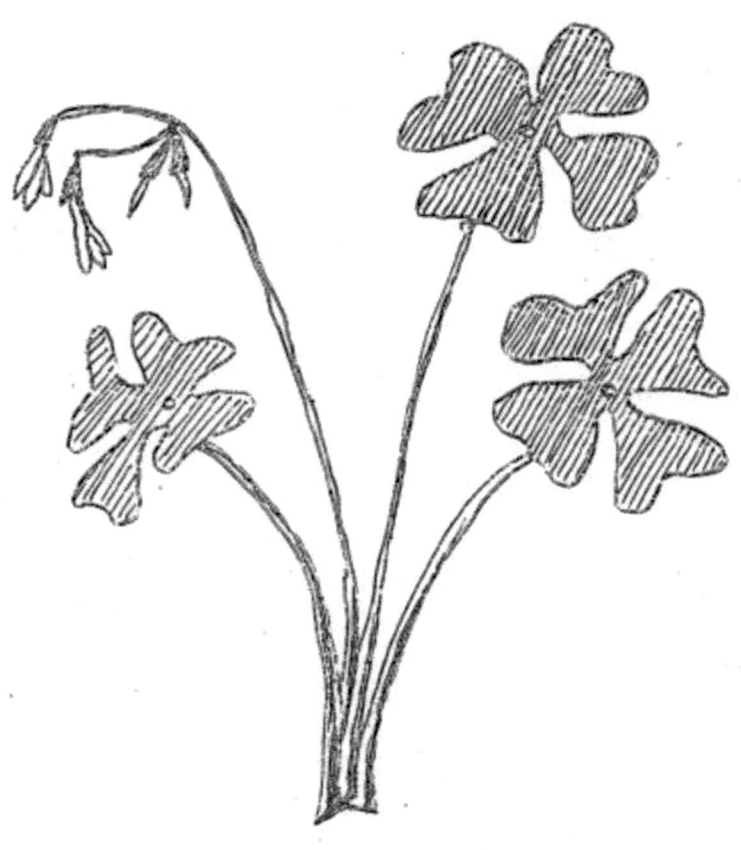

Glücksklee

Wenn der Glücksklee wieder blüht,

das Glück des Lebens neu erglüht.

Denn wenn Blumendüfte um die Häuser wehen,

die positiven Menschen keine Probleme mehr sehen.

Das Leben wird lustig, die Seele froh,

es ist wie für Pferde das Haferstroh.

Das Leben wird bunt und schön,

so soll es weitergeh'n.

Frühlingsgefühle

Kalte graue Morgen kann ich nur hassen,

muss ich mein warmes Bett verlassen.

Doch es erleichtert diese Pein,

erscheint etwas später Sonnenschein.

Hoffentlich bleibt uns die Wärme erhalten,

vergessen will man die Tage, die kalten.

Die Sonnenstrahlen beflügeln unsere Arbeitswut,

ein Frühjahrsputz tut uns nun gut.

Die Stunden fliegen nur so dahin,

für unser Wohlgefühl ist es ein Gewinn.

Erst wenn alles sich spiegelt im Glanz,

ist beendet unser „Arbeitstanz".

Doch das viele Kriechen, Strecken, Bücken,

hinterlässt im Rücken kein Entzücken.

Trotzdem sind wir am Abend wohl gestimmt,

denn das Haus ist auf Vordermann getrimmt.

Nun sind alle Sorgen von uns genommen,

und der Frühling kann kommen.

Falls Petrus auch seine Arbeit richtig macht,

uns die nächsten Tage die Sonne lacht.

Ein bunter Traum

Während die weiße Schleifenblume mit dem gelben Steinkraut harmoniert,

die Blaumeise mit dem eleganten weißen Hornkraut schwadroniert.

Im Blumenbeet fehlen noch blaue Tupfer,

wie von der Traubenhyazinthe, dem jungen Hupfer.

Rote Tulpen schmusen mit gelben Narzissen,

der Steingarten – ein Mosaik von bunten Kissen.

Ach, würde der Frühling nur ewig dauern,

das Herz würde doppelt so viel powern.

Den Winter könnten wir dann gerne verschlafen.

Das würde uns nicht strafen,

hätten wir nur noch Monate der Wonne

mit Blütenpracht und warmer Sonne.

Ein Frühlingsgarten ohne Unterlass,

das wäre Freude und riesiger Spaß.

Ganzjährig bunt die Frühlingswiese,

wir wähnten uns gar im Paradiese.

Der Frühling ist da!

Nach kalten Tagen mit Schnee und Regen,

erscheint die Sonne wieder am Himmelszelt.

Es ist ein Segen,

denn bunt wird die Welt.

Doch an jedem Plätzchen ist etwas zu tun,

hacken, setzen, Bäume schneiden,

Futter für Katze und Huhn,

zu groß sind die Weiden.

Bis zur Ernte ist noch viel Zeit,

doch Sommerstunden laufen schneller,

und wir sind zum Ausbringen der Pflänzchen bereit,

sie verlassen den Keller.

Die Gartenarbeit ist uns keine Plage,

denn sie hält beweglich und jung.

Noch sind wir „Herr der Lage",

wir verteilen Wasser, Kompost und Dung.

Belohnt wird unser Streben von der Vögel Gesang,

die uns mit schnellem Flug durch den Garten begleiten.

Ihr Lied ist uns der schönste Laut und Klang,

man kann sie gar beneiden,

wo sie doch, ohne zu säen, die Ernte fahren ein,

und fröhlich zwitschern ohne Spott,

um Nestbau und Brutpflege kümmern sie sich allein,

die Natur ist ihr Gott.

Im schnellen Schneckengang

Der Schnick, der Schnack, der Schneck,

der rennt uns nicht schnell weg.

Selbst in Eile dauert sein Weg eine Weile,

denn zerlegt wird die Strecke in kleinste Teile.

Er kriecht auf der Spur seines Schleimes,

beim Salat ist nicht zu sehen die Spur eines Keimes.

Doch bei näherer Betrachtung,

ruft die innere Stimme: Achtung, Achtung!

Denn gefressen hat der Schnick-Schnack-Schneck,

die jungen Pflanzen alle weg.

Der Schreck weicht der Wut

und Rache tut gut.

Hat der betroffene Gärtner Salz im Haus,

ist es für die Schnecke aus!

Bald sieht sie aus wie eine tote Maus,

verwaist liegt am Beetrand ein Schneckenhaus.

Damit bist du mein Prinz

Der Huberbauer hat die größte Rinderzucht,

seine Fleischwaren sind eine Wucht.

Doch um die Bullen bei Laune zu halten,

und ihre Gefühle nicht zu schnell erkalten,

holt er vom Tierarzt ein kleines Stärkungsmittel,

doch wie ist der Titel?

Vergessen sind der Hersteller und der Name,

der Tierarzt frägt am Empfang die Dame,

Da schreit der Huberbauer, die Firma heißt Kunz und Hinz,

auf jeden Fall schmeckt es nach Pfefferminz.

Kulinarische Reisen

Sieben Tage haben die Wochen,

an allen Tagen muss man kochen.

Nur nicht an den Ausflugstagen,

da muss man nur nach Spezialitäten fragen.

Bei Entdeckungen hat man selten Glück

und wünscht sich an den heimischen Herd zurück.

Doch über Enttäuschungen wollen wir uns nicht äußern

und fahren lieber zu den bewährten Häusern.

Wir tun uns gleich am Wochenanfang ein gutes Werk

und reisen zur feinen Küche nach Staufenberg!

Neue Namen braucht das Land

Ein kleines Städtchen im badischen Land

ist für seine Merkwürdigkeiten bekannt.

So stand in großen Lettern in der Presse,

dass Leute mit großer Schnauze bekommen eins auf die Fresse.

Sind die Frechen kugelrund,

bekommen sie eins auf den Mund.

Kein Fett kommt dann mehr auf ihre Rippe,

ist geschwollen ihre Lippe.

Doch nun wurde Bad Mergentheim als Dessoushauptstadt prämiert,

hat sich ein Sammler doch blamiert,

verlor 31 BH's und fünf Unterhosen im Wald,

keine „heißen Höschen", sie waren schon kalt.

Nun wird das Städtchen umbenannt

und Bad Merkwürdigenheim genannt.

Wetterkapriolen

Der Regen rieselt, die Sonne scheint,

auch wenn der Himmel großteils weint.

Bäume und Büsche ächzen,

da sie seit Tagen nach Wasser lechzen.

Auch die Blumen nicken mit ihren Köpfen

und alle Pflanzen stellen sich auf in den Töpfen.

Heute freuen sie sich mehr über Wasser als Sonnenschein,

doch wie das Wetter morgen wird, weiß Petrus allein.

Das ist so auch gut,

denn ein steter Wechsel am besten tut.

Selten erscheint auch ein Regenbogen,

und, wenn die Sage nicht hat gelogen,

leuchtet sein Strahl auf einen geheimen Platz,

dort findet man einen versteckten Schatz.

Die Sabberlotti

Ob Suppe, Pudding oder Eis,

ob die Speise eiskalt oder heiß,

alles landet auf Lottis Blusen,

die verhüllen ihren Riesenbusen.

Man erkennt den Speiseplan der letzten Wochen,

die Lotti kann vortrefflich kochen.

Doch waschen und bügeln tut sie nie,

deshalb ist sie das Sabbergenie.

Stets isst sie zu viel und zu flott,

ihre Sabberei ist sabberlott!!

Für Lotti

Wenn Lotti mit ihrem Scheich geht aus,

tritt sie in Hot Pants vor das Haus.

Dem Manne wird's von den Pants ganz heiß,

am Stiel, da schmilzt das Eis.

Er atmet tief und hechelt schwer,

die Augen irren wirr umher.

Er macht jetzt schnell ein kleines Foti,

denn Lotti Sapper ist heute sapperlotti!

„Klimaerwärmung?"

Drei Sonnenstrahlen scheinen ins Haus,

der Mensch denkt, mit der Kälte ist es vorbei und aus.

Doch schon nahen im Wonnemonat Mai

schnell die Eisheiligen herbei.

Mit Bonifatius, Melichor und heiliger Sophie

rafft es so manchen Salatkopf hin, hihi!

Der Juni hält seinen Einzug mit großem Tamtam,

doch es folgen Unwetter, Starkregen und Schlamm.

Im August sollen die Hundstage kommen,

es heißt, die Hitze macht uns benommen.

Doch möglicherweise frieren wir wie ein Hund,

dann wird es uns zu bunt!

Wir kündigen dem Wetterpropheten mit all seinem Zweifel,

oder jagen ihn gleich zum Teufel!

Die Mandarine

Sie verwöhnt mit Früchten bis zum Mai,

die Vitamine machen gesund und erkältungsfrei.

Ihre Düfte betäuben mit Wohlgeruch die Nase,

ihre Äste brillieren in der Blumenvase.

Schön steht der Baum in seinem Wuchs,

seine Blätter glänzen wie das Fell des Luchs.

Orange schimmern die Früchte in der Abendsonne,

unser Mandarinenbäumchen ist eine Wonne.

Vorschlag zur Güte

Bring deinen Mann nicht um die Ecke,

mach ihn lieber mal zur Schnecke!

Schneckenmahlzeit

„Was ist das heute für ein Schneckenfraß?"

schreit der Mann und rümpft die Nas'.

Die Frau zieht sich still ins Haus zurück

und frisst des Schneckenmannes Stück!

Geschwind, geschwind, mein Kind

Die Jugend fährt im Eilzug durch die Welt,

schuftet für Beruf und Geld.

Das „Mittelalter" fährt meist in regionalen Zügen,

denn noch viel muss sich zusammenfügen.

Beruf und Familie, Zeit und Geld,

im Hinterkopf lockt die große Welt!

Die heutigen Rentner sind im Unruhestand,

reisen stets durch Stadt und Land.

Haben Kreuzfahrschiffe als ihr Traumgefährt erkoren,

denn noch keiner ist in der Südsee erfroren.

Wer noch älter wird, bleibt lieber im Land,

denn die guten Seiten sind ihm bekannt.

Fährt höchstens mal mit dem Entenköpfer

und dankt für die Ruhe seinem Schöpfer.

Trotzdem wird die Zeit nicht lang,

selbst wenn sie reisen im Schneckengang!

Daheimgeblieben

Hinter einer Hecke,

mach ich sie zur Schnecke.

Nimm ihr weg das Schneckenhaus

und schon ist es mit dem Urlaub aus.

Vegi-Trends

Die Menschen werden logischer

manche gar ökologischer.

Sie essen weder Fleisch noch Wurst,

mit Quellwasser wird gestillt der Durst.

So wurde schon mancher Arier

Veganer oder Vegetarier.

Nun macht Schule diese Sitte,

nicht nur in der Bürgerschaft Mitte.

Selbst Vampire im nächtlichen Haus,

saugen nur noch Blutorangen aus!

Slow Wood

Das „Schneckentempo" ist ein Wort, das nicht existiert,

weil die Schnecke Geschwindigkeit negiert.

Sie mag die Eile nur zerteilt in winzige Teile

und verharrt am Ort lieber eine kleine Weile.

Alles Schnecke!

Jüngst besuchte ich ein Spezialitätenlokal,

ich hatte Hunger, alles war mir egal.

Für die Speisen brauchte man eine Lupe,

deshalb bestellte ich eine doppelte Schneckensuppe.

Ich wartete Minuten und Stunden

und zählte nicht zu den bedienten Kunden.

Mit Magenknurren verließ ich das Lokal,

bleich war ich und aschfahl.

„Halt", rief der Maître, „erst bezahlen!"

„Nichts bekam ich!" schrie ich unter Hungerqualen.

„Die einzige Schnecke, die ich heute sah,

das war der alte Ober, da!"

Schnecke und Zecke

Eine garstige Zecke

befiel eine niedliche Schnecke.

Sie biss sich fest in ihrer Haut,

als sich die Schnecke ein Salatblatt angeschaut.

Sie wollte den Schädling verkraulen

und begann zu maulen.

Doch dieser biss sich immer fester,

sie war der erste Schneckenbluttester.

Da fing die Schnecke an zu schleimen,

und konnte sie damit „leimen".

Die Zecke hustete und spuckte Schneckenschleim,

dann ging sie wieder hungrig heim.

Petrus hilf!

Petrus, was ist mit dir los?

Uns sitzt im Hals ein Klos.

Wir haben im Juni noch Gänsehaut

und jeder Mensch ganz traurig schaut.

Jeden Tag nur Regen

ist wahrlich kein Segen.

Wer hat dich so in Zorn versetzt,

dass du die Messer hast gewetzt.

Hast nur Hagel, Blitz und Donner im Gepäck,

wir fordern Sonne und Wärme keck.

Denn alle warten auf die wärmenden Sonnenstrahlen,

nur Kälte und Dunkelheit bringen uns Qualen.

Doch drei Tage voller Sonnenschein, machen alle Sorgen klein.

Durch das Land zieht sich ein buntes Blumenband

und jeder fühlt sich im Schlaraffenland.

Neujahrstag

Wie Phoenix aus der Asche erscheint das neue Jahr,

es reckt und streckt sich, als wäre es schon immer da.

Es denkt nicht an gestern, schaut nur nach vorn,

darin gleicht es dem trotzigen Einhorn.

Lose verteilt es soviel wie Tage aus seiner Wundertüte,

diese enthält den Hauptgewinn, den Trostpreis und die Niete.

Wer welche Lose wohl gezogen haben mag?

Das wissen wir erst am nächsten Silvestertag!

Ein früher Sonntagmorgen

Heute Morgen bin ich aufgeschreckt,

denn das Telefon hat mich geweckt.

Es war erst kurz nach vier,

wer stört mich in meinem Bette hier?

Die Klingel schlug nur einmal an,

wer dies wohl gewesen sein kann?

Kein Termin ist in meinem Kalender vermerkt,

der Sonntag bleibt leer, wohlgemerkt!

Mir wird ganz heiß, ich raufe mein Haar,

ob es nur ein Alptraum war?

Ich betrachte das aufkeimende Morgenrot,

es gibt keine Angst und keine Not.

Die Vögel beginnen zu singen

und lassen im Wettstreit ihr Lied erklingen.

Denn schließlich ist eines sicherlich wahr,

es ist Sonntag, und das ist wunderbar.

Geduld

Manch einer preist die Geduld als höchste Tugend,

im Alter und in der Jugend.

Doch oft ist der Weg der Langsamkeit

nur ein Mangel an Entschlossenheit.

Schon immer hatte der Vogel am wenigsten Sorgen,

der pickte den ersten Wurm am Morgen.

Es ist kein Lob und keine Huld,

wenn man spricht von Eselsgeduld!

Das Lebenskarussell

Mit unserer Geburt betreten wir das Lebenskarussell

alles erscheint uns freundlich und hell.

Es fährt ganz sanft und langsam an,

das Mädchen wird zur Frau, der Knabe zum Mann.

In der Kindheit schleicht die Zeit

die Welt ist groß und weit.

In der Jugend zieht das Tempo schon an,

die Sehnsucht nach Abenteuer beginnt wann?

Rasanter werden die Jahre von Lehre und Beruf

man denkt, es trifft einen vom Pferd der Huf.

Oft kommen dann Ehe und Kinder

noch weit weg ist des Lebens Herbst und Winter.

Doch mit der Rente dreht sich das Karussell wieder schneller.

das Leben teilt sich: Bettler oder Rockefeller?

Doch auch diese Jahre bringen noch Genuss,

Genießen heißt das Muss!

Wie ein Wirbelwind rast das Karussell zum Ende hin,

ob in Rom, Wien oder Berlin.

Jeder würde gern anhalten oder zurückdrehen,

doch das kann nicht gehen.

Denn nur einmal dürfen wir diese Runde fahren,

die wir lieben trotz Rückschläge und Gefahren.

Aber du ein Geheimnis weißt,

wenn dein Glaube Buddhismus heißt.

Dann hast du für das Karussell Dauerkarten

und kannst auf den nächsten Start warten.

Nachreim statt Nachwort

Tausend Worte des Dankes sag ich meinem Ehemann,

mit dem alles begann:

Lustige Erlebnisse und Gedanken,

um die sich die Gedichte ranken.

Hundertfach fütterte er damit den Computer,

immer in der Sorge, hoffentlich tut er.

Doch auch meiner Mutter Dank will ich sagen,

die Antwort wusste bei vielen Fragen,

beisteuerte Ideen und Gedichte.

Wenn es jetzt dem Leser noch gefällt,

ist in Ordnung meine Welt!